Inhalt

ZIRKUS
TIERSCHAU

Vorwort

Hallo, liebe Schülerinnen und Schüler!
Hallo, liebe Eltern!

Wer ***jeden Tag ein bisschen besser*** wird, ist bald sehr gut!

Dieses Heft stellt auf jeder Doppelseite ein Rechtschreibthema aus dem Deutschunterricht der 5. Klasse vor, das in einer Viertel- bis halben Stunde bearbeitet werden kann. Eine Doppelseite pro Tag genügt völlig.

Die Übungsdiktate werden am besten so diktiert: Zuerst den ganzen Text vorlesen, dann einen kompletten Satz und erst jetzt den Text zwischen den Schrägstrichen mit allen Satzzeichen. Nur die Diktate zum Thema Zeichensetzung sollten ohne Satzzeichen diktiert werden. Die Ziffer neben dem Diktattext gibt die Wörterzahl an.
Wer ganz selbstständig arbeiten will, kann die Diktate auf Kassette sprechen. Wichtig dabei: Bei jedem Schrägstrich eine kurze Pause machen.
Auch aufmerksames Abschreiben der Diktate übt enorm – einfach Stück für Stück lesen und dann auswendig aufschreiben.
Anschließend das Geschriebene Wort für Wort mit der Vorlage vergleichen und Fehler berichtigen. In den Diktattexten und Beispielen sind übrigens alle neuen Schreibweisen hervorgehoben.
Die Übungen auf der rechten Seite können direkt in diesem Heft bearbeitet werden – vor oder nach dem Übungsdiktat.

In der Mitte des Heftes haben wir einen Lösungsteil zum Heraustrennen eingeheftet. Damit sollen immer gleich die Ergebnisse überprüft werden! Das ist ganz wichtig, um in Zukunft Fehler zu vermeiden.

Und nun viel Spaß und viel Erfolg!

I Meine Freunde und ich

Das Datum von heute

Groß- und Kleinschreibung: Nomen, Verben und Adjektive

Meine Freunde und ich
Ich heiße Barbara. / Ich bin elf Jahre alt / und besuche die 5. Klasse / der Realschule in Helmershausen. / Im Unterricht sitze ich neben meiner besten Freundin Martina und neben Jochen. / Jochen Enders wohnt in unserer Straße. / Nachmittags spielen wir oft zusammen. / Manchmal fahren Jochen und ich gemeinsam zur Schule. / Er wartet dann immer vor unserem Haus auf mich. / Jochen und Martina verstehen sich ganz gut. / Wenn ich allerdings in der großen Pause / nur mit Martina und Julia spiele, / wird Jochen manchmal richtig böse. 86

Satzanfänge und Nomen (Substantive, Namenwörter) werden großgeschrieben.

***Nomen*: Schule, Pause, Jahre, Barbara**

Vor ein Nomen kannst du einen *Artikel* (Begleiter) setzen:

***die* Schule (bestimmter Artikel)**
***eine* Pause (unbestimmter Artikel)**

Verben (Tätigkeitswörter), Adjektive (Eigenschaftswörter) und alle anderen Wortarten werden kleingeschrieben.

***Verben*: rennen, warten, denken**
***Adjektive*: schön, rot, böse**

Streiche alle Wörter durch, die keine Nomen sind, und schreibe die Nomen mit ihrem Artikel auf.

HÖREN FREUNDIN MILD SPIELEN
UNTERRICHT OFT RICHTIG AUTOBAHN
JOCHEN ALLERDINGS KLEIN NEBEN
HEUTE AUFGABE WAHRHEIT LIEST

2 Am Nordseestrand

Das Datum von heute

Groß- und Kleinschreibung: Verben und Adjektive als Nomen

Am Nordseestrand

Herr Meistermann / genießt das Ausruhen / in seiner Sandburg. / Er ahnt nichts Böses. /
Der überarbeitete Vater ist so müde, / dass er das laute Rufen, / das emsige Spielen und unermüdliche Buddeln / seiner Sprösslinge nicht bemerkt. / Die drei Kinder haben inzwischen / viel Schönes gebaut. / Das eifrige Arbeiten im Sand / zeigt schließlich tolle Erfolge. / Wenn die Flut kommt, / muss sich Herr Meistermann / auf etwas Überraschendes gefasst machen. 64

Verben (Tätigkeitswörter) und Adjektive (Eigenschaftswörter) können auch als Nomen (Substantive, Namenwörter) gebraucht werden. Sie werden dann großgeschrieben.

Das lange *Schlafen* ist das *Schönste* an den Ferien.

Vor Verben und Adjektive, die als Nomen gebraucht werden, kannst du einen Artikel (*wie das, ein …*) setzen, vor Adjektive auch eine Mengenangabe (wie *viel, nichts, wenig …*)

***Das* lange *Schlafen* ist *das Schönste* an den Ferien.**
Beim (bei *dem*) *Reisen* sehen wir *viel Neues*.

Unterstreiche im Text auf der linken Seite zuerst alle *Verben*, die als Nomen gebraucht werden. Unterstreiche dann mit einer anderen Farbe alle *Adjektive*, die als Nomen gebraucht werden.

Bilde mit den folgenden Adjektiven Nomen. Setze jeweils einen Artikel oder eine Mengenangabe (*nichts*, *wenig*, *etwas*, *viel*, *manches*, *alles*) davor.

neu ___viel Neues___

schön ______________________

gut ______________________

erfreulich ______________________

toll ______________________

besser ______________________

3 Liebe Urlaubsgäste!

Das Datum von heute ____________

Groß- und Kleinschreibung: Anredepronomen

Liebe Urlaubsgäste!
Wir wünschen Ihnen / einen angenehmen und erholsamen Aufenthalt / auf unserer Insel. /
Bitte beachten Sie: /
Wenn Sie Ihren Hund dabeihaben möchten, / so suchen Sie bitte / den eigens dafür eingerichteten Hundestrand auf. /
Achten Sie / beim Verlassen des Strandes / auf Ihre Sachen. /
Bitte werfen Sie Ihre Abfälle / in die Container. /
Führen Sie Ihren Hund / in den Parkanlagen / bitte an der Leine. /
Lassen Sie Ihre Kinder / nicht in den Dünen spielen. /
Dünenschutz ist Küstenschutz.

72

Die Höflichkeitsform bei der Anrede (*Sie*, *Ihre*, *Ihr*, *Ihnen*) wird immer großgeschrieben.

Die Anredeformen *du* und *ihr* mit den zugehörigen Formen (*dein*, *euch*, *euer*, ...) werden dagegen immer kleingeschrieben.

Setze die passenden Anredepronomen ein.

Das Datum von heute

4 Mein Geburtstag

Groß- und Kleinschreibung: Zeitangaben

Mein Geburtstag

Ich hatte gestern Geburtstag. / Zuerst sah es so aus, / als ob alle meinen Geburtstag vergessen hätten. / Ich war richtig enttäuscht. / Als ich dann gestern Morgen zufällig auf die Terrasse ging, / stand dort ein nagelneues Fahrrad. / Damit hatte ich nun wirklich nicht gerechnet. / Am letzten Montag hatte Vater noch gesagt, / mein altes Fahrrad sei noch ganz gut / und ginge noch. / War das eine Freude! / Und nachmittags waren dann / einige Freunde aus der Nachbarschaft bei mir. / Am Abend habe ich noch eine kurze Fahrt / mit dem neuen Fahrrad gemacht* / und übermorgen wird die erste große Fahrt / mit Jens und Katja zum Müggelsee steigen. / Ich freue mich schon auf Mittwoch! 109

*Neu: kein Komma.

Die Zeitangaben *heute, morgen* und *abends, morgens* sind Adverbien (Umstandswörter) und werden kleingeschrieben.

Zeitangaben, die Nomen sind, werden großgeschrieben. Du erkennst sie an dem Artikel oder daran, dass du einen Artikel einsetzen kannst:

der Morgen **am (an dem) Morgen** **gegen (den) Abend**

In Tageszeitangaben werden die Adverbien kleingeschrieben und die Nomen großgeschrieben.

heute Mittag **morgen Nachmittag**

Unterstreiche im Text auf der linken Seite alle Zeitangaben. Es sind sieben. Ordne sie dann den folgenden Gruppen zu.

Zeitangaben, die Adverbien sind:

____

____

Zeitangaben, die Nomen sind:

____

____

Tageszeitangaben mit Adverbien und Nomen:

____

____

Das Datum von heute ____________

5 So läuft der Hase!

Lang gesprochene Vokale: das Längezeichen *h*

So läuft der Hase!
Mit seinen langen Ohren / hört „Meister Lampe“ so ziemlich alles. / Wenn Gefahr droht, / liegt er bewegungslos am Boden. / Im Hasenbett, der Kuhle, / ist er für seine Feinde fast unsichtbar. / Erst wenn sie schon ganz nah heran sind, / sprintet der Hase davon. / Dabei erreicht er spielend mehr als 50 Stundenkilometer. / Aber auch Hunde und Wölfe sind gute Sprinter. / Um sie abzuhängen,* / schlägt der Hase aus vollem Lauf einen Haken, / er dreht sich in der Luft. / Das macht ihm keiner nach! 83

* Neu: Das Komma kann hier gesetzt werden, muss aber nicht.

Das *h* ist ein häufig vorkommendes Längezeichen bei lang gesprochenem Vokal (Selbstlaut).

sehr ***Mahlzeit*** ***rühren*** ***Ohren*** ***ihr***

Schreibe aus dem Text alle Wörter heraus, die ein *h* als Längezeichen haben. Es sind acht. Ordne sie nach Vokalen.

ah	eh	ih	oh	uh

Ergänze die Wörter von links nach rechts. Alle haben das Längezeichen *h*. Beachte: In jeder Reihe darf nur ein Buchstabe von der vorigen Reihe abweichen.

6 Ab zum Schwimmen!

Das Datum von heute ____________

Lang gesprochene Vokale: *ie* als Längezeichen

Ab zum Schwimmen!
Die Sonne schien, / doch Britta schlief noch fest. / Da rief ihre Mutter aus dem Esszimmer. / Plötzlich fiel ihr alles ein. / Sie rieb sich die Augen. / Bei schönem Wetter wollte sie ja / mit Sonja und Nicola zum Schwimmen fahren. / Jetzt hielt sie nichts mehr im Bett. / Wie der Wind lief sie ins Bad. / Auf dem Weg zur Küche / stieg sie in ihre Jeans. / Sie steckte ihren Bikini in die Badetasche / und rief ihrer Mutter noch „Tschüs"* zu. / Schon ging es ab! 83

* Neu: auch *Tschüss*.

Das *ie* ist ein häufig vorkommendes Längezeichen für das lang ausgesprochene *i*.
Du findest es zum Beispiel bei vielen Verben, die im Präteritum (Vergangenheit) stehen.

Präsens (Gegenwart)	Präteritum (Vergangenheit)
er läuft	er lief
sie rufen	sie riefen

In Fremdwörtern allerdings wird das lang gesprochene *i* stets mit einfachem *i* geschrieben.

Benzin Vitamine Praline Apfelsine Bikini

Ergänze die folgenden Verbfomen wie im Beispiel.

er läuft	er lief	sie laufen	sie liefen
du rufst	______	sie rufen	______
sie schläft	______	sie schlafen	______
ich halte	______	sie halten	______

Setze in dieses Scherzgedicht die passenden Wörter aus dem Kasten ein.
Streiche die verwendeten Wörter durch.

Tier Bier liebt lieb Bier kriegt schielt Stier

Für ein ______ ist ein ______ manchmal wichtig.

Und ein ______ , ______ er ein ______ ,

______ so richtig.

Drum sei ______ und gib es,

denn das arme Tier ______ es.

7 Münchhausen erzählt

Das Datum von heute

Kurz gesprochene Vokale: doppelter oder einfacher Konsonant

Münchhausen erzählt
Einmal hatte ich wieder ein tolles Erlebnis. / Bei einem Ausritt wollte ich / mit meinem rassigen, schnellen Pferd / über einen riesigen Sumpf setzen. / Bevor ich am Rand absprang, / fand ich den Sumpf gar nicht so breit / wie während des Sprungs. / Wir kehrten aus diesem Grund mitten in der Luft um / und landeten mit heiler Haut / wieder auf dem rettenden Ufer. / Aber auch beim zweiten Anlauf / sanken wir nicht weit vom anderen Ufer / bis an den Hals in den Morast. / Rettungslos wären wir verloren gewesen, / wenn ich mich nicht mit der rechten Hand / am eigenen Haarzopf / aus dem Sumpf gezogen hätte. / Und nicht nur mich, / sondern auch mein schnelles Pferd. 110

Folgt auf einen kurzen betonten Vokal *ein* Konsonant, so wird dieser meist verdoppelt.

we*nn* **to*ll*** **Re*tt*ung** **ra*ss*ig**

Folgen nach einem kurzen betonten Vokal mehrere *verschiedene* Konsonanten, so wird in der Regel keiner verdoppelt.

fli*nk* **Su*mpf*** **Da*nk*** **Ge*ld***

Unterstreiche bei den folgenden Wörtern die Konsonanten nach dem kurzen betonten Vokal.

Ausritt Luft schnell

mitten Rand rollen

Hals Sprung Rettung

hätte Zopf Ritt

8 Igelschutz

Das Datum von heute ____________

Kurz gesprochene Vokale: Verdoppelung von Konsonanten

Igelschutz
Immer wieder kommt es vor, / dass überzeugte Tierfreunde mit guter Absicht, / aber aus Unwissen, / im Herbst gedankenlos Igel einsammeln. / Sie wollen sie vor dem Winter retten. / Doch sie richten oft erheblichen Schaden an, / weil sie ein noch säugendes Igelweibchen / von seinen Jungen trennen. / Diese Menschen wollen helfen, / aber sie prüfen oft nicht genau genug, / ob es sich wirklich um hilfsbedürftige Tiere handelt, / die sich selbst nicht mehr helfen können. / Es ist zu Recht verboten, / auch nur vorübergehend Igel ins Haus zu nehmen, / die kräftig genug sind,* / sich selbst durchzubringen. 90

* Neu: Das Komma kann hier gesetzt werden, muss aber nicht.

Du weißt bereits: Folgt auf einen kurzen betonten Vokal *ein* Konsonant (Mitlaut), so wird dieser meist verdoppelt.

immer **kenn*en*** **Ha*ll*e** **Ti*pp***

Unterstreiche im Text auf der linken Seite alle Wörter mit verdoppelten Konsonanten. Es sind zehn.

Suche zu dem jeweiligen Wortstamm weitere Wörter der Wortfamilie.

9 Igelkinder

Das Datum von heute ____________

Kurz gesprochene Vokale: k-Laut und z-Laut

Igelkinder

Man kann sich denken, / dass Igelkinder ein Kapitel für sich sind. / Ihr besonders niedliches Aussehen verlockt dazu, / sie ohne lange Überlegungen / mit nach Hause zu nehmen, / letztlich oft genug zum Schaden der Kleinen. / Wenn man zufällig ein Igelnest entdeckt, / sollte man die kleinen Igel unberührt lassen / und sich so rasch wie möglich entfernen. / Die sonst sehr fürsorgliche Mutter / könnte sonst vor Schreck / über die Störung und die fremden Gerüche / die Kleinen töten. / Kriechen kleine und noch ganz blinde Igel / im Freien herum, / sollte man die Kleinen / nur sichtgeschützt beobachten. / Wahrscheinlich ist die Mutter / ja nur kurz auf Futtersuche. 99

Der Laut *k* wird nach kurz ausgesprochenem Vokal *ck* geschrieben (statt *kk*).

Mü*ck*e **pflü*ck*en** **le*ck*er**

Der Laut *z* wird nach kurz ausgesprochenem Vokal *tz* geschrieben (statt *zz*).

schwi*tz*en **pla*tz*en** **Gla*tz*e**

Suche zu den folgenden Wörtern mit *ck* und *tz* jeweils ein verwandtes Wort.

Dreck	dreckig	Spatz	
drücken		blitzen	
verstecken		hetzen	
backen		witzig	
Sack		Hitze	

Markiere bei den folgenden Wörter die kurzen betonten Vokale mit einem Punkt. Unterstreiche die lang ausgesprochenen Vokale.

Hacke Luke verlocken pauken
Schreck Haken entdecken

duzen schwitzen Schnauze
heizen platzen Katze

10 Dichter Verkehr

Das Datum von heute

Leicht verwechselbare Konsonanten: *b/p*

Dichter Verkehr

Im dichten Verkehrsgewühl / bleibt plötzlich mein Auto stehen. / Gibt es denn so etwas? / Hinter mir wird gehupt wie verrückt. / Ein Autofahrer tobt geradezu / und hebt die Hände zum Himmel. / Warum steigt der Typ nicht aus / und schiebt mit mir das Auto zur Seite? /
Es bleibt mir nichts anderes übrig, / ich muss den Abschleppdienst rufen. / Zum Glück habe ich mein Handy dabei. / Ah, da steigt ein Herr mit Schlips aus und schiebt. / Wie lieb! 75

Was ist richtig: *b* oder *p*? In vielen Fällen kannst du die Schreibweise erklären, indem du den Infinitiv oder eine andere Form des Wortes bildest:

er hupt — *hupen* **Staub — *staubig***
Betrieb — *Betriebe* **gelb — *gelbe***

Einige Schreibweisen musst du dir einfach einprägen:

Erbse Krebs Publikum Rebhuhn

Knirps Gips Schlips

Setze *b* oder *p* ein. Die Bildung des Infinitivs oder einer anderen Wortform hilft dir.

blei__t Schrei__heft er gi__t

verlie__t sie he__t er schie__t

Kle__stoff Sie__ Schu__lade

gro__ Die__ Lum__

Setze den richtigen Buchstaben ein.

Der Maurer fährt mit der Schu__karre den Beton zur Baustelle.

Das Pferd schnau__te vor Aufregung.

Peter will sich heute ein Tra__rennen anschauen.

Wir haben eine unglau__liche Geschichte erle__t.

Susi schrei__t an ihre Freundin. Dann kle__t sie den Brief zu.

11 Der Fuchs und der Rebstock

Das Datum von heute ______________

Leicht verwechselbare Konsonanten: *g/k, b/p, d/t*

Der Fuchs und der Rebstock
An einem Rebstock, / der sich an einer hohen Mauer emporrankte, / hingen reife Weintrauben. / Ein Fuchs, / der hungrig war und vor den Reben stand, / sagte bei sich: / „Wie köstlich diese Trauben doch aussehen, / sicher sind sie saftig und süß." / Gierig sprang er am Rebstock hoch, / aber es gelang ihm nicht, / an die Trauben zu kommen. / Unermüdlich sprang er hoch, / schließlich stieß er auf einen Mauervorsprung, / aber er kriegte die Trauben nicht zu fassen. /
Endlich sah der Fuchs, / dass alle Mühe vergeblich war. / Verächtlich sagte er: / „Die Trauben sind sicher schrecklich sauer." / Danach ging er hochmütig davon. 100

Wenn die Konsonanten *g/k*, *b/p* oder *d/t* nicht eindeutig herauszuhören sind, kannst du die Schreibweise in den meisten Fällen ableiten:

– vom Infinitiv (bei Verben) **er sa*g*te – sa*g*en,**
– von einer anderen Form des Wortes **gieri*g* – gieri*g*e**
– oder von einem verwandten Wort **Re*b*stock – Weinre*b*en.**

Bilde eine andere Form des Wortes oder suche ein verwandtes Wort.

emporrankte ______________________

hungrig ______________________

stand ______________________

saftig ______________________

unermüdlich ______________________

sprang ______________________

Mauervorsprung ______________________

kriegte ______________________

endlich ______________________

vergeblich ______________________

Setze ein.

„Vati, du hörst mir ja gar nicht zu“, sa__t der Knir__s zu seinem Vater.

Daraufhin der Vater zerstreu__: „O doch, ich habe dir sehr wohl zugehör__.“

„Wenn du aufmer__sam zugehör__ hättest, wärst du schon län__st wüten__ geworden.“

12 Der Dachs

Das Datum von heute

Leicht verwechselbare Konsonanten: *x, chs, cks, ks, gs*

Der Dachs
Habt ihr schon einmal einen Dachs gesehen? / Er ist ziemlich scheu. / Erst am Abend kommt er flugs aus seinem Bau. / Früher glaubte man, / er raube Nester aus. / Heute weiß man, / dass er vor allem Regenwürmer frisst. / Im Herbst schlägt er sich den Bauch mit Beeren, / Pilzen und anderen Früchten voll. / Da der Dachs sehr sauber ist, / baut er sich sein Klo / extra außerhalb des Dachsbaues. / Dachskinder leben bei den Eltern, / bis sie ausgewachsen sind. / Von klein auf trainieren sie ihre Muskeln, / balgen sich beim Spielen / und machen allerlei Faxen. /
Dachse lieben die Gesellschaft. / Manchmal nehmen sie sogar Füchse als Untermieter auf. / Und man verträgt sich. 108

Bei Lauten, die wie *ks* gesprochen werden, kannst du die Schreibweise oft von anderen Wortformen oder verwandten Wörtern ableiten.

du leckst — *lecken*
tagsüber — *Tage*
Gewächs — *wachsen*

Für viele Buchstabenverbindungen, die wie *ks* gesprochen werden, gibt es jedoch keine Erklärung. Ihre Schreibweise musst du dir einprägen.

Versuche die Schreibweise der Wörter abzuleiten.

der Knicks — knicken

längs — ____________

der Koks — ____________

links — ____________

allerdings — ____________

Häcksel — ____________

klecksen — ____________

13 Essen auf Rädern

Das Datum von heute

Schreibung der s-Laute: gesummt oder scharf gesprochenes *s*

Essen auf Rädern
Eine Katze war gestorben / und läutete an der Himmelstür. / Petrus begrüßte sie / und wies ihr ein Plätzchen zu. / Die Katze schmiegte sich in die Wolke und begann* / wohlig zu schnurren. / Als Petrus später seine Visite machte, / fragte er sie nach ihrem Befinden. / „Ich bin mit allem zufrieden", / antwortete sie. /
Auch die Mäuschen besuchte er / und erkundigte sich nach ihren Wünschen. / „Rollschuhe würden uns gefallen", / piepsten sie, / „dann könnten wir herumsausen / und uns die Zeit vertreiben." / Petrus erfüllte ihren Wunsch** / und sie konnten nach Herzenslust Rollschuh laufen. /
Beim nächsten Kontrollgang / hörte Petrus schon von weitem / das satte Schnurren der Katze. / „Bist du zufrieden?", / fragte er sie. / „Ich wusste gleich, / dass es mir hier gefallen wird. / Aber seit es Essen auf Rädern gibt, / finde ich es hier oben einfach himmlisch!" 131

* Neu: Hier kann ein Komma gesetzt werden, muss aber nicht.
** Neu: kein Komma.

Am Wortanfang steht immer ein einfaches *s*, nie *ss* oder *ß*.
Im Wortinnern wird ein gesummt ausgesprochener s-Laut immer mit einfachem *s* geschrieben.

besuchen **Visite** **sausen**

Wird in einem Wort ein s-Laut gesummt, so werden auch verwandte Wörter mit einfachem *s* geschrieben – auch wenn hier das *s* scharf ausgesprochen wird.

<u>gesummtes *s*:</u>	<u>scharf ausgesprochenes *s*:</u>
zuweisen	er wies (darauf hin)
Mäuse	Mäuschen
Gläser	das Glas

Suche zu den folgenden Wörtern mit scharf ausgesprochenem *s* verwandte Wörter mit gesummtem s-Laut. Bilde dazu den Plural (Mehrzahl), den Infinitiv oder suche ein anderes Wort der Wortfamilie.

er raste, das Gleis, der Greis, das Haus, er bremst, das Gänschen, er las

	Plural bilden	Infinitiv bilden (bei Verben)	ein anderes Wort der Wortfamilie suchen
er raste		rasen	der Raser
das Gleis	die Gleise		entgleisen

14 Ein Krimi

Das Datum von heute

Schreibung der s-Laute: *ss* und *ß*

Ein Krimi

Ede Knacki rast / in rasantem Tempo / über die nasse Straße. / Der Polizeiwagen bleibt ihm / dicht auf den Fersen. / Plötzlich zerreißt ein Schuss die Stille. / Das Auto rast weiter, / fängt an zu schleudern, / reißt eine Straßenlaterne um / und stößt gegen eine Hauswand. / Ede muss sein Auto schnell verlassen. / Er schießt und flüchtet zu Fuß weiter. / Jetzt rennt er auf den Fluss zu. / Aber schon wird er eingekreist. / Ede wirft seine Waffe weg / und reißt die Arme hoch. / Schließlich muss er sich Handschellen anlegen lassen. / Ede weiß, / nun muss er für einige Zeit / hinter Schloss und Riegel. 97

Lösungen

1

☆ die Freundin, der Unterricht, die Autobahn, der Jochen, die Aufgabe, die Wahrheit

2

☆ *Verben als Nomen*: Ausruhen, Rufen, Spielen, Buddeln, Arbeiten
Adjektive als Nomen: Böses, Schönes, Überraschendes

☆☆ *Einige Beispiele*: manches Schöne, etwas Gutes, nichts Erfreuliches, das Tolle, wenig Besseres

3

☆ dir, du, dir, deinen, dich, deiner

4

☆ *Adverbien*: gestern, nachmittags, übermorgen
Nomen: am (an dem) letzten Montag, am (an dem) Abend, (der) Mittwoch
Tageszeitangaben mit Adverbien und Nomen: gestern Morgen

5

☆ ah: Gefahr, nah
eh: mehr, dreht
ih: ihm
oh: Ohren, droht
uh: Kuhle

☆☆

Wahl	Bohne
kahl	Bühne
kühl	Sühne
Kohl	Söhne
Wohl	Sahne

6

☆ du riefst, sie riefen, sie schlief, sie schliefen, ich hielt, sie hielten

☆☆ Für ein Tier ist ein Bier manchmal wichtig.
Und ein Stier, kriegt er ein Bier,
schielt so richtig.
Drum sei lieb und gib es,
denn das arme Tier liebt es.

7

☆ Ausritt, Luft, schnell,
mitten, Rand, rollen,
Hals, Sprung, Rettung,
hätte, Zopf, Ritt

8

☆ Immer, kommt, dass, Unwissen, einsammeln, wollen, retten, trennen, wollen, können

☆☆ *Einige Beispiele*:
verfallen, fällig, Verfallsdatum
offen, Öffnung, öffentlich, Offenheit
kommen, gekommen, willkommen, ankommen

9

☆ *Beispiele*: dreckig, Drücker, Versteck, Bäcker, einsacken
Spatzennest, Blitz, Hetze, Witze, erhitzen

☆☆ *kurze betonte Vokale*: Hacke, verlocken, Schreck, entdecken
lang ausgesprochene Vokale: Luke, pauken, Haken

kurze betonte Vokale:
schwitzen, platzen, Katze
lang ausgesprochene Vokale:
duzen, Schnauze, heizen

10

bleibt, Schreibheft, er gibt
verliebt, sie hebt, er schiebt
Klebstoff, Sieb, Schublade
grob, Dieb, Lump

Schubkarre,
schnaubte,
Trabrennen,
unglaubliche,
erlebt.
schreibt,
klebt

11

Einige Beispiele: emporranken, hungrige, standen, saftige, müde, springen, Mauervorsprünge, kriegen, Ende, vergeben

sagt, Knirps, zerstreut, zugehört, aufmerksam, zugehört, längst, wütend

12

längs	–	die Länge
der Koks	–	kokeln
links	–	der linke Fuß
allerdings	–	alle Dinge
Häcksel	–	hacken
klecksen	–	kleckern
du lockst	–	locken
der Knacks	–	knacken
anfangs	–	anfangen
ringsherum	–	die Ringe

13

Beispiele:

der Greis:	die Greise (Plural) – vergreisen, greisenhaft (anderes Wort der Wortfamilie)
das Haus:	die Häuser (Plural) – hausen (anderes Wort der Wortfamilie)
er bremst:	bremsen (Infinitiv) – Bremse (anderes Wort der Wortfamilie)
das Gänschen:	die Gänse (Plural)
er las:	lesen (Infinitiv)

14

s	*ss*	*ß*
rast (2x)	nasse	Straße
Hauswand	Schuss	zerreißt
eingekreist	muss (3x)	reißt (2x)
	verlassen	Straßenlaterne
	Fluss	stößt
	lassen	schießt
	Schloss	Fuß
		Schließlich
		weiß

*Verwandte Formen mit gesummtem s-Lau*t: rasen, Häuserwand, einkreisen

15

vorsichtig, fliegen, voll, Dorf
vorbei, fallen, fein, völlig
fast, Vieh, Verhalten, Fenster
frei, versprechen, vorhalten, frech

ver-	versprechen, vergessen
vor-	vorsprechen, vorsichtig
V/voll-	Vollkornbrot, volljährig, vollbringen
viel-	vielsagend, vieldeutig

16

Wörter mit *e*: selten, gerne, fertig, klettern, besser
Wörter mit *ä*: Kälte, länger, kälter, ärgerlich, entkräftet, jährlich, Täter
Andere Wortform oder verwandtes Wort mit *a*: kalt, lang, arg, Kraft, Jahr, Tat

17

bläulich blau	heute	säuberlich sauber	Beute
Räume Raum	Feuer	Zäune Zaun	neugierig
Freund	räuchern Rauch	Leute	Bäume Baum

Die Lösungswörter: Zäune, säubern, teuer, freundlich, Räume, Leute

18

☆ Dass du mich offensichtlich vergessen hast, musste ich heute Morgen leider feststellen.
Dass du in der nächsten Nacht noch einmal kommst, hoffe ich nun.
Dass du wahrscheinlich sehr müde sein wirst, weiß ich natürlich.
Dass mein Wunsch in Erfüllung gehen wird, hoffe ich.

19

☆ **A**rtikel: 5
Demonstrativpronomen: 2
Konjunktionen: 4

Das war filmreif (D)
bewies, dass (K)
bemerkte, dass (K)
lenkte das Mädchen (A)
das sei (D)
das Auto (A)
Das Mädchen (A)
verhindern, dass das Auto (K/A)
das Gefährt (A)
wurde bekannt, dass (K)

☆☆ Hast du das Buch dabei, das ich dir geliehen habe? (A/R)
Weißt du schon, dass wir morgen frei haben? (K)
Ich hoffe sehr, dass du Recht hast. (K)
Das ist das Sweatshirt, das ich von meiner Schwester geerbt habe. (D/A/R)
Dass ihr nach Italien fahrt, habe ich schon gehört. (K)

20

☆ Zwei Flöhe, die keine Arbeit haben, treffen sich auf der Straße. „Ich möchte wenigstens einmal ein paar hundert Euro im Lotto gewinnen“, sagt der erste.
„Und was machst du dann mit dem Geld?“, fragt der andere. Darauf erwidert der erste Floh: „Dann kaufe ich mir einen Hund, ganz für mich allein.“

☆☆ Plötzlich rief Andreas: „Unsere Fahrräder sind weg! Ich weiß ganz genau, dass wir sie hier abgestellt haben!“ Michael meinte: „Wir müssen suchen, vielleicht hat uns jemand einen Streich gespielt.“
„Eure Fahrräder befinden sich auf dem vorderen Schulhof. Das Abstellen der Fahrräder ist hier verboten“, bemerkte der Hausmeister lächelnd.

21

☆ Ein Mann kommt zum Zirkusdirektor. „Herr Direktor“, sagt er selbstbewusst, „ich würde gern beim Zirkus arbeiten, denn ich kann sehr gut Vögel nachmachen.“ Der Zirkusdirektor winkt müde ab. „Junger Mann“, meint er nur, „die Nummer ist nun wirklich nicht mehr neu.“ „Na schön“, meint daraufhin der Mann, „dann eben nicht!“ Und mit diesen Worten fliegt er aus dem Fenster.

22

Ein Au-to-fah-rer hat-te ei-ne Pan-ne und ver-such-te ver-geb-lich, den Mo-tor-scha-den zu be-he-ben. Ein Au-to der Mar-ke Ford hielt ne-ben ihm, der Fah-rer stieg aus und hat-te den Scha-den schnell be-ho-ben. Der dank-ba-re Au-to-fah-rer be-ab-sich-tig-te dem Hel-fer ein Trink-geld zu ge-ben. Die-ser, es war Hen-ry Ford per-sön-lich, wehr-te ab und be-merk-te: „Dan-ke, das ist nicht nö-tig, ich le-be in ei-ni-ger-ma-ßen gu-ten Ver-hält-nis-sen.“ „Das ver-ste-he ich nicht“, be-merk-te da-rauf-hin der Au-to-fah-rer, „wa-rum fah-ren Sie dann ei-nen Ford?“

☆

acht-zehn	un-wahr-schein-lich	Wä-sche
Kis-te	Brom-bee-re	Ü-bel
Ei-mer	Zu-cker-bä-cker	ste-chen
kom-men	Ab-ma-chung	E-feu
tren-nen	Reiß-ver-schluss	has-ten
Pries-ter	ros-ten	Stra-ße

23

☆ Verena ruft verzweifelt aus: „Hätte ich doch mein Etui nicht verloren!"
Peter schreit wütend: „Hör endlich auf mich zu ärgern!"
Ute ruft begeistert: „Das ist ja wunderbar!"
Der Klassenlehrer bestätigt: „Mathe fällt heute aus. Herr Funke ist krank."
Sven fragt seinen Freund Carsten: „Warum kommst du heute nicht mit zum Sportplatz?"
Lars ruft ärgerlich: „Nun lass das endlich!"
Jochen meint: „Das Freibad ist heute Nachmittag von 14.00 bis 18.00 Uhr geöffnet."

24

☆ a + i, b + n, c + m, d + l, e + h, f + k, g + o

25

☆ Affen können klettern, springen, Grimassen schneiden und Bananen schälen.
Kamele sind sehr verlässlich, enorm leistungsfähig und unempfindlich.
Tiger, Löwen, Bären und Panther sind Raubtiere.

26

☆ Petra ruht sich in der Sonne aus, ihr kleiner gescheckter Kater mit dem Namen Tiger liegt ausgestreckt im Schatten. Petra wird es langweilig, sie holt sich ein Buch. Tiger hebt den Kopf, denn er ist von dem Geräusch wach geworden. Langsam steht er auf, ganz plötzlich springt er mit einem Satz in den Liegestuhl. Der Kater legt seinen Kopf auf das weiche Kissen und er lässt ein behagliches Schnurren hören. Petra kommt mit ihrem Buch zurück, doch der Kater hat ihren Platz eingenommen. Tiger bleibt völlig ungerührt liegen, sein Frauchen klappt sich deshalb einen zweiten Liegestuhl auf.

27

☆ Dann stürzte Tobias, verlor den Ball an Peter und Peter schoss den Ball zu Sabine.

☆☆ Die Tiere lagen faul in ihrem Käfig, gähnten, räkelten sich und nahmen von den Besuchern gar keine Notiz.
Wir trafen uns um neun Uhr, stiegen in den bereitstehenden Bus, fuhren kurz darauf ab und waren in bester Stimmung.

28

☆ Pauline geht heute nicht zur Schule, weil sie Halsschmerzen hat.
Simone besucht Pauline am Nachmittag, nachdem sie ihre Hausaufgaben erledigt hat.
Sie erklärt Pauline den neuen Mathestoff, weil ein Test bevorsteht.
Obwohl Simone sich alle Mühe gibt, versteht Pauline ihre Erklärungen nicht ganz.
Weil sie keine Beschwerden mehr hat, geht Pauline am nächsten Tag wieder zur Schule.

29

☆ Meerschweinchen, diese possierlichen Tiere, stammen ursprünglich aus Südamerika.
Nach der Entdeckung Amerikas, also vor etwa fünfhundert Jahren, wurden sie von Seefahrern und Kaufleuten über das Meer zu uns nach Europa gebracht.

☆☆ Fritz, der Kater von Tante Marie-Luise, hat drei weiße Pfoten.
Petra und ihre Schwester, beide begeisterte Reiterinnen, wünschen sich ein Shetlandpony.
Cäsar, Susannes Rauhaardackel, ist eigenwillig und schlau.
Charlotte, die angehende Tierärztin, hat eine verletzte jungen Katze gefunden und aufgezogen.
Collie und Sheltie, die kleine Ausführung des Collies, gehören zur Gruppe der Britischen Hütehunde.

Wir schreiben *ss*, wenn nach einem *kurzen* betonten Vokal ein scharf ausgesprochener s-Laut folgt.

küssen	**sie kü*ss*t**	**Ku*ss***
passen	**es pa*ss*t**	**Pa*ss***

Wir schreiben *ß*, wenn nach einem *langen* betonten Vokal oder Doppellaut (*au, eu, äu, ei, ai*) ein scharf ausgesprochener s-Laut folgt.

grü*ß*en	**er grü*ß*t**	**Gru*ß***
hei*ß*en	**sie hei*ß*t**	**Verhei*ß*ung**

Unterstreiche im Text auf der linken Seite alle Wörter mit scharf ausgesprochenem s-Laut im Wortinneren. Es sind 19 verschiedene Wörter. Übertrage die Wörter anschließend in diese Tabelle.

s	ss	ß

Suche zu den Wörtern mit einfachem *s* verwandte Wörter mit gesummtem s-Laut.

_______________ _______________ _______________

15 Die Katze

Das Datum von heute ____________

Schreibung der f-Laute: *f/v*

Die Katze
Eine Katze, die ins Freie darf, / ist glücklich. / Es ist ratsam, / die Katze nicht / in ihrem natürlichen Verhalten zu behindern. / Sie möchte gemütlich spazieren gehen*, / sich vorsichtig anschleichen, / lebhaft herumtollen und wohlig schmusen. / Falls nur ein Balkon vorhanden ist, / sollte man ihn für die Katze / benutzbar machen. / Ein feines, fast unsichtbares Drahtgitter / kann sie schützen, / wenn sie in ihrem Jagdeifer / nach einem vorbeifliegenden Vogel hascht./ In Wohnungen ohne Balkon / kann man ihr an einem günstigen Fenster / einen ungefährlichen Sitzplatz einrichten. / Manche Katzenbesitzer stellen ihren Lieblingen / einen Katzenbaum ins Wohnzimmer, / an dem die Tiere herumklettern / und ihre Krallen schärfen können. 101

* Neu: *spazieren gehen* wird getrennt geschrieben.

Der gleich ausgesprochene f-Laut wird mit *f* oder mit *v* geschrieben.

Der Vogel fliegt.

Leider gibt es hier keine Regel für die richtige Schreibung.
Du musst dir die jeweilige Schreibweise merken.

Setze die fehlenden Buchstaben richtig ein: *f* oder *v*?

__orsichtig	__liegen	__oll	Dor__
__orbei	__allen	__ein	__öllig
__ast	__ieh	__erhalten	__enster
__rei	__ersprechen	__orhalten	__rech

Setze aus den folgenden Wortbausteinen Wörter zusammen.

ver	sprechen
vor	kornbrot
Voll	gessen
voll	sichtig
viel	deutig
	jährig
	bringen
	sagend

ver- versprechen, ______________________________

vor- ______________________________

V/voll- ______________________________

____

viel- ______________________________

16 Gute Besserung!

Das Datum von heute

Wörter mit *ä/e*

Gute Besserung!
Erik hatte sich im Sportunterricht verletzt. / Er musste mit einem Gipsbein das Bett hüten, / während seine Klassenkameraden / einen Schulausflug machen durften. / Das war sehr ärgerlich für ihn, / denn er schwamm und kletterte / für sein Leben gern. / Wie freute er sich deshalb, / als am nächsten Tag eine bunte Ansichtskarte kam, / auf der zu lesen war: /

Bei vielen Wörtern mit *e* hört man beim Sprechen kaum einen Unterschied zu einem Wort mit *ä*:

besser ängstlich
Berg Hände

Wörter werden mit *ä* geschrieben, wenn es eine Wortform oder ein verwandtes Wort mit *a* gibt.

ängstlich — *Angst*
Hände — *Hand*

Trage die entsprechenden Buchstaben ein.

s__lten	K__lte	g__rne	l__nger
kl__ttern	k__lter	f__rtig	__rgerlich
entkr__ftet	j__hrlich	T__ter	b__sser

Ordne die Wörter in die folgenden Tabellen ein.

Wörter mit *e*

Wörter mit *ä*	andere Wortform oder verwandtes Wort mit *a*

17 Feuer in der Scheune

Das Datum von heute

Wörter mit *äu/eu*

Feuer in der Scheune

Gestern brach auf einem bäuerlichen Anwesen / ganz in unserer Nähe ein Feuer aus. / In einer Scheune hatte sich das Stroh entzündet. / Ich war mit einem Freund / gerade vom Schwimmbad gekommen. / Da sahen wir, / dass die ganze Gegend / schon richtig eingeräuchert war. / Viele Leute standen herum / und schauten neugierig zu. / Die Feuerwehrmänner hatten die Wasserschläuche angeschlossen. / Einige Bäume neben dem Brandherd / sah man gar nicht mehr, / so dicht war der Qualm. / Den Feuerwehrmännern gelang es aber schnell, / das Feuer einzudämmen. / Als ich heute Morgen zur Schule ging, / stieg noch immer etwas Rauch / von der Brandstelle hoch. 99

Die Doppellaute *äu* und *eu* klingen völlig gleich:

Zäune Scheune

Wörter werden mit *äu* geschrieben, wenn es eine Wortform oder ein verwandtes Wort mit *au* gibt.

bäuerlich — *Bauer*
Schläuche — *Schlauch*
Verkäuferin — *verkaufen*

Entscheide: *äu* oder *eu*.
Schreibe unter die Wörter mit *äu* eine Ableitung mit *au*.

bl___lich h___te s___berlich B___te

blau ______________________________

R___me F___er Z___ne n___gierig

____

Fr___nd r___chern L___te B___me

____

Buchstabenrätsel.

dient zum Abtrennen eines Grundstücks (Mehrzahl) □□□□□
reinigen □□□□□□□
nicht billig □□□□□
anderes Wort für: nett □□□□□□□□□□
Teile einer Wohnung □□□□□
anderes Wort für: Menschen □□□□□

18 Lieber Nikolaus

Das Datum von heute

Die Konjunktion *dass*

Lieber Nikolaus,
leider musste ich heute Morgen feststellen, / dass du mich offensichtlich vergessen hast. / Als ich meine Zimmertür öffnete, / sah ich meinen leeren Teller. / Ich bin enttäuscht. / Nun hoffe ich, / dass du in der nächsten Nacht / noch einmal kommst. / Ich weiß natürlich, / dass du wahrscheinlich / sehr müde sein wirst. / Trotzdem schreibe ich dir dies, / weil ich bestimmt auch / einen großen, vollen Teller verdient habe. / Ich hoffe, / dass mein Wunsch in Erfüllung gehen wird. /
Herzliche Grüße von deinem Alexander 78

Das Wörtchen *dass* ist immer eine Konjunktion (ein Bindewort). Es leitet immer einen Nebensatz (Gliedsatz) ein und verbindet diesen mit dem Hauptsatz.

Ich hoffe sehr, *dass* du noch einmal kommst.

Der dass-Satz kann vor oder nach dem Hauptsatz stehen.

***Dass* du noch einmal kommst, hoffe ich sehr.**

Kennzeichne im Brief auf der linken Seite die Konjunktion *dass* jeweils durch Umkreisen.
Forme dann diese Sätze des Briefes um, indem du den dass-Satz nach vorne stellst. Achte darauf, dass Hauptsatz und Nebensatz immer durch ein Komma getrennt werden.

____

________________________ musste ich heute Morgen leider feststellen.

____

____

hoffe ich nun.

____

______________________________________ weiß ich natürlich.

____

________________________ hoffe ich.

19 Das war filmreif

Das Datum von heute

Artikel, Pronomen oder Konjunktion: *das* und *dass*

Das war filmreif
Ein zwölfjähriges Mädchen bewies, / dass es geistesgegenwärtig war. / Als es nämlich bei einer Autofahrt bemerkte, / dass der Großvater am Steuer / nach einer Herzattacke zusammenbrach, / lenkte das Mädchen den Wagen / vom Beifahrersitz aus durch die Stadt. / Die Polizei bemerkte dazu, / das sei eine filmreife Aktion gewesen. /
Als drei Fußgänger / das Auto auf sich zukommen sahen, / mussten sie sich durch Sprünge / in Sicherheit bringen. / Das Mädchen konnte nicht verhindern, / dass das Auto einen Kellereingang / und eine Hausmauer streifte. / Erst ein Verteilerkasten / brachte das Gefährt zum Stehen. / Inzwischen wurde bekannt, / dass es dem Großvater des Mädchens / wieder besser geht. 99

Das Wörtchen *das* kann dreierlei sein:

– ein *Artikel* (Begleiter)	***Das* Auto gefällt mir.**
– ein *Demonstrativpronomen* (hinweisendes Fürwort)	**Nicht mein Auto, sondern *das* da ist kaputt. (*dieses, jenes*)**
– ein *Relativpronomen* (bezügliches Fürwort)	**Das Auto, *das* uns gehört, ist nicht mehr ganz neu. (*welches*)**

Um das Wörtchen *das* von der Konjunktion *dass* zu unterscheiden gibt es eine Faustregel:

Wenn du *dieses, jenes, welches* einsetzen kannst, wird *das* geschrieben. Wenn du die Ersatzwörter nicht einsetzen kannst, wird *dass* geschrieben.

Umkreise im Text auf der linken Seiten alle *das* und *dass*. So viel sei verraten: Es sind insgesamt 11. Wie viele Artikel, wie viele Demonstrativpronomen und wie viele Konjunktionen sind dabei?

Artikel

Demonstrativpronomen

Konjunktionen

Setze *das* oder *dass* ein.

Hast du ______ Buch dabei, ______ ich dir geliehen habe?

Weißt du schon, ______ wir morgen frei haben?

Ich hoffe sehr, ______ du Recht hast.

______ ist ______ Sweatshirt, ______ ich von meiner Schwester geerbt habe.

______ ihr nach Italien fahrt, habe ich schon gehört.

20 So ein Schreck!

Das Datum von heute

Wörtliche Rede: Begleitsatz am Anfang oder am Schluss

Bei diesem und dem folgenden Übungsdiktat sollten die Redezeichen und die Satzzeichen am Ende der wörtlichen Rede nicht angegeben werden.

So ein Schreck!

Die letzte Unterrichtsstunde war zu Ende. / Michael, Jan und Andreas / rannten zu ihren Fahrrädern. / „Unsere Fahrräder sind weg! / Ich weiß ganz genau, / dass wir sie hier abgestellt haben!“, rief Andreas plötzlich. / „Wir müssen suchen, / vielleicht hat uns jemand einen Streich gespielt“, / meinte Michael. / Nachdem die Jungen / eine ganze Weile gesucht hatten, / kam ihnen der Hausmeister entgegen. / Er bemerkte lächelnd: / „Eure Fahrräder befinden sich / auf dem vorderen Schulhof. / Das Abstellen der Fahrräder / ist hier verboten.“ / Als die drei Jungen / ihre Fahrräder dort wiedersahen, / freuten sie sich sehr. 89

**Geht bei der wörtlichen Rede ein Begleitsatz voraus,
so wird die wörtliche Rede mit einem Doppelpunkt angekündigt:**

Begleitsatz	wörtliche Rede	
Tina meint:	„Ich hab's geahnt. Mathe fällt aus."	(Aussagesatz)
Max fragt Simone:	„Kommst du mit zum Baden?"	(Fragesatz)
Ärgerlich zischt Anne:	„Seid endlich ruhig!"	(Aufforderung/Wunsch/Ausruf)

**Steht der Begleitsatz hinter der wörtlichen Rede,
so wird nach dem Abführungszeichen immer ein Komma gesetzt.
Ausrufe- und Fragezeichen der wörtlichen Rede werden beibehalten, der Punkt als Satzschlusszeichen entfällt hier.**

wörtliche Rede	Begleitsatz
„Ich hab's geahnt. Mathe fällt aus",	meint Tina.
„Kommst du mit zum Baden?",	fragt Max Simone.
„Seid endlich ruhig!",	ruft Anne wütend.

Unterstreiche in dem folgenden Witz zunächst die Begleitsätze. Kennzeichne danach mit einer gestrichelten Linie die wörtliche Rede.

Zwei Flöhe, die keine Arbeit haben, treffen sich auf der Straße. „Ich möchte wenigstens einmal ein paar hundert Euro im Lotto gewinnen", sagt der erste. „Und was machst du dann mit dem Geld?", fragt der andere. Darauf erwidert der erste Floh: „Dann kaufe ich mir einen Hund, ganz für mich allein."

Schau dir im Übungsdiktat auf der linken Seite die Sätze mit wörtlicher Rede noch einmal an. Welche Satzart hat die wörtliche Rede? Wo steht der Begleitsatz? Setze dann die richtigen Zeichen in die umgestellten Sätze.

Plötzlich rief Andreas   Unsere Fahrräder sind weg. Ich weiß ganz genau, dass wir sie hier abgestellt haben

Michael meinte   Wir müssen suchen, vielleicht hat uns jemand einen Streich gespielt

Eure Fahrräder befinden sich auf dem vorderen Schulhof. Das Abstellen der Fahrräder ist hier verboten   bemerkte der Hausmeister lächelnd.

21 Die Mahlzeit

Das Datum von heute

Wörtliche Rede: Begleitsatz in der Mitte

Die Mahlzeit
Ein Mann kam in einen Bauernhof, / grüßte die Bauersleute / und bat um Abendbrot. / „Wir können Euch* nichts geben“, / sagte die Bäuerin, / „wir haben alles aufgegessen.“ / Da fragte der Mann: / „Kann ich mir selber etwas kochen?“ / „Habt Ihr denn was zum Kochen?“, / fragte ihn darauf die Bauersfrau. / Der Mann antwortete: „Kieselsteine.“ / Neugierig schauten die Bäuerin und der Bauer zu, / wie er die Kieselsteine wusch / und in einen Topf schüttete. / Dann sagte der Mann: / „Gebt mir dazu noch etwas Graupen, Fett und Salz.“ / Die Bäuerin gab ihm die Zutaten / und bald darauf war die Suppe fertig. / Der Mann verspeiste sie mit großem Appetit, / die Kieselsteine aber ließ er im Topf zurück. 111

* veraltete höfliche Anrede

Steht der Begleitsatz der wörtlichen Rede zwischen zwei Redeteilen, dann wird er von Kommas eingeschlossen.

<u>wörtliche Rede</u>	<u>Begleitsatz</u>	<u>wörtliche Rede</u>
„Ich habe es doch geahnt“,	**meint Tina,**	**„Mathe fällt aus.“**
„Simone“,	**fragt Max,**	**„kommst du mit zum Baden?“**
„He, ihr beiden“,	**zischt Anne ärgerlich,**	**„seid endlich ruhig!“**

Unterstreiche in dem folgenden Witz zunächst die Begleitsätze. Kennzeichne danach mit einer gestrichelten Linie die wörtliche Rede.

Ein Mann kommt zum Zirkusdirektor. Herr Direktor, sagt er selbstbewusst, ich würde gern beim Zirkus arbeiten, denn ich kann sehr gut Vögel nachmachen. Der Zirkusdirektor winkt müde ab. Junger Mann, meint er nur, die Nummer ist nun wirklich nicht mehr neu. Na schön, meint daraufhin der Mann, dann eben nicht! Und mit diesen Worten fliegt er aus dem Fenster.

Setze nun alle fehlenden Satzzeichen ein.

Ein Mann kommt zum Zirkusdirektor. Herr Direktor sagt er selbstbewusst ich würde gern beim Zirkus arbeiten, denn ich kann sehr gut Vögel nachmachen Der Zirkusdirektor winkt müde ab. Junger Mann meint er nur die Nummer ist nun wirklich nicht mehr neu Na schön meint daraufhin der Mann dann eben nicht Und mit diesen Worten fliegt er aus dem Fenster.

22 Henry Ford

Das Datum von heute

____

Silbentrennung

Dieses Übungsdiktat auf einen schmalen Zettel schreiben und die Wörter am Zeilenende – falls möglich – trennen. Die richtigen Trennungen finden sich im Lösungsteil.

Henry Ford
Ein Autofahrer hatte eine Panne / und versuchte vergeblich,* / den Motorschaden zu beheben. / Ein Auto der Marke Ford / hielt neben ihm, / der Fahrer stieg aus / und hatte den Schaden schnell behoben. / Der dankbare Autofahrer beabsichtigte,* / dem Helfer ein Trinkgeld zu geben. / Dieser, es war Henry Ford persönlich, / wehrte ab und bemerkte: / „Danke, das ist nicht nötig, / ich lebe in einigermaßen guten Verhältnissen." / „Das verstehe ich nicht", / bemerkte daraufhin der Autofahrer, / „warum fahren Sie dann einen Ford?" 77

* Neu: Das Komma kann hier gesetzt werden, muss aber nicht.

Die wichtigste Regel für die Trennung von Wörtern lautet:

Mehrsilbige Wörter werden nach Sprechsilben getrennt (*Au-to-fah-rer*, *Kas-ten*). Einsilbige Wörter können nicht getrennt werden (*oft*, *Hahn*).

Einige weitere Regeln zur Silbentrennung musst du dir noch merken:

- **Bei Wörtern mit doppeltem Konsonanten wird nach dem ersten Konsonanten getrennt (*Kas-se*, *Mat-te*).**
- **Zusammengesetzte Wörter werden nach ihren Bestandteilen getrennt (*Brat-wurst-stand*, *Ge-burts-tag*, *Sonn-tag*).**
- **Die Buchstabenfolge *ck* (*Bä-cker*) und die Buchstabenfolgen *ch* und *sch* (*Ku-chen*, *Kir-sche*) werden nicht getrennt.**

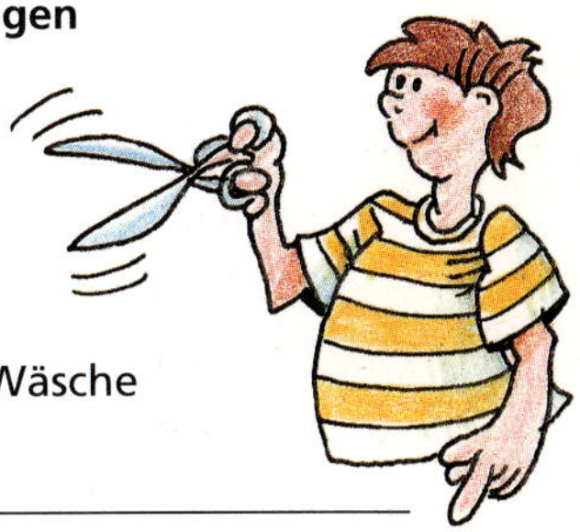

Notiere das Wort mit allen Trennmöglichkeiten.

achtzehn	unwahrscheinlich	Wäsche
______	______	______
Kiste	Brombeere	Übel
______	______	______
Eimer	Zuckerbäcker	stechen
______	______	______
kommen	Abmachung	Efeu
______	______	______
trennen	Reißverschluss	hasten
______	______	______
Priester	rosten	Straße
______	______	______

23 Wo ist das Geld?

Das Datum von heute

Satzarten und Satzschlusszeichen

Bei diesem Übungsdiktat sollten die Redezeichen und die Satzschlusszeichen nicht diktiert werden. Stattdessen werden nur Beginn und Ende der wörtlichen Rede und das Satzende angegeben.

Wo ist das Geld?
Svenja kann das Geld, / das sie für die Klassenfahrt eingesammelt hat, / nicht finden. / Lars ruft in die Klasse: / „Auweia, / das ist doch nicht möglich!" / Christian rät ihr: / „Schau doch erst mal richtig nach!" / Peter fragt: / „Hast du es denn auch wirklich eingesteckt?" / Svenja sucht verzweifelt weiter. / Heute Morgen hatte sie / den Fünfzigeuroschein ins Etui gesteckt. / Frau Berend rät ihr: / „Bleib ganz ruhig! / Schau noch einmal nach! / Das Geld wird schon irgendwo sein." / Plötzlich ruft Svenja: / „Da ist es ja!" / Der Geldschein war hinter den Stundenplan gerutscht. / Sie atmet erleichtert auf. / Was wäre wohl sonst aus der Klassenfahrt geworden? 102

Nach Aussagesätzen steht ein Punkt.

Musik fällt heute aus.

Nach Fragesätzen steht ein Fragezeichen.

Was gibt es denn?

Nach Aufforderungssätzen, Wunschsätzen und Ausrufen steht ein Ausrufezeichen.

Komm doch auch mit!
Das wäre toll!
Prima finde ich das!

Setze bei den folgenden Sätzen die Satzschlusszeichen.

Verena ruft verzweifelt aus: „Hätte ich doch mein Etui nicht verloren ☐ "

Peter schreit wütend: „Hör endlich auf mich zu ärgern ☐ "

Ute ruft begeistert: „Das ist ja wunderbar ☐ "

Der Klassenlehrer bestätigt: „Mathe fällt heute aus. Herr Funke ist krank ☐ "

Sven fragt seinen Freund Carsten: „Warum kommst du heute nicht mit zum Sportplatz ☐ "

Lars ruft ärgerlich: „Nun lass das endlich ☐ "

Jochen meint: „Das Freibad ist heute Nachmittag von 14.00 bis 18.00 Uhr geöffnet ☐ "

24 Maus und Elefant

Das Datum von heute

Komma bei Ausrufen und Anreden

Bei den folgenden Übungsdiktaten zum Thema Zeichensetzung sollten nur Beginn und Ende der wörtlichen Rede sowie das Satzende angegeben werden.

Maus und Elefant

„Was hast du denn?", / fragt die Maus. / Der Elefant antwortet: / „Verflixt noch mal, / ich habe schon wieder meine Badehose vergessen!" / Beruhigend antwortet die Maus: / „Du, ich habe zwei Badehosen dabei. / Ich leihe dir eine."

Ein Elefant kommt in eine Konditorei und sagt: / „Ich möchte gern Rumkugeln, bitte." / „Aber nicht hier im Laden!", / ruft daraufhin die Verkäuferin entsetzt.

Maus und Elefant gehen gemeinsam / über eine Holzbrücke. / Als ein lautes Dröhnen zu hören ist, / meint die Maus zum Elefanten: / „O je, hörst du unser Trampeln?" 86

Ausrufe, Anreden und bekräftigende Bitten werden durch Komma vom übrigen Teil des Satzes abgetrennt.

***Au*, lass das doch sein.**
***Bianca*, spielst du mit uns Gummitwist?**
Kommst du zum Essen, *bitte*.

Ordne Satzanfängen die richtigen Fortsetzungen aus dem zweiten Kasten zu.

a	Mensch,
b	Wie,
c	Stell dir vor,
d	Au,
e	Britta,
f	Toll,
g	Bitte,

h	hörst du denn gar nicht?
i	das hättest du mir aber auch eher sagen können!
k	dann können wir ja zusammen zum Schwimmen gehen.
l	da hast du mir ganz schön auf den Fuß getrampelt!
m	wir bleiben fünf Wochen in Dänemark.
n	du kommst jetzt doch mit?
o	komm doch zum Kaffeetrinken.

a + *i*   b + ___   c + ___   d + ___   e + ___   f + ___   g + ___

25 Freizeitpark

Das Datum von heute

______

Komma bei Aufzählungen

Freizeitpark
Für ganz kleine, größere und ganz große Kinder / gibt es tausend Möglichkeiten,* / sich in diesem Freizeitpark zu vergnügen. / Das Freilichtmuseum zeigt unter anderem: / Dörfer und Weiler, / Einzelhöfe, Windmühlen, / eine Wassermühle und einen Gutshof. / Die Freilichtausstellung aus Lego-Steinen / mit Städten, Dörfern, Schlössern, / Kirchen und Eisenbahngelände / bietet nicht nur etwas zum Schauen. / Schiffschaukel, Achterbahn und Riesenrad / stehen zur Verfügung. / Außerdem kann man verschiedene Vorführungen besuchen: / die Westernshow, den Zirkus oder das Kino. 72

* Neu: Das Komma kann hier gesetzt werden, muss aber nicht.

Aufgezählte Wörter und Satzglieder werden durch ein Komma getrennt.
Vor *und* und *oder* steht kein Komma.

Es gibt Elefanten, Löwen, weiße Tiger und viele andere Tiere zu sehen.

Setze ein. Trenne die Aufzählungen durch Kommas
und füge die letzen Teile mit *und* an.

1. Affen können ______________________________

____

____

2. Kamele sind ______________________________

____

____

3. ______________________________

______________________________ sind Raubtiere.

1. klettern
   springen
   Grimassen schneiden
   Bananen schälen

2. sehr verlässlich
   enorm leistungsfähig
   unempfindlich

3. Tiger
   Löwen
   Bären
   Panther

26 Flohmarkt

Das Datum von heute

Komma in der Satzreihe

Flohmarkt
Die Kinder organisieren / für das Dorffest einen Flohmarkt. / Sie bauen ihre Stände auf, / einige breiten auf dem Rasen ihre Decken aus* / und sie bieten alle möglichen Dinge / zum Verkauf an. / Peter sorgt für interessierte Käufer, / Annika führt die Verkaufsverhandlungen* / und Mareike packt die Sachen ein. / Abends sind noch einige Bücher übrig, / die Malhefte wurden verkauft. / Die Murmeln waren schnell weg, / denn alle wollten welche haben. / Annika hat nicht / mit so vielen Käufern gerechnet, / aber im nächsten Jahr / bringt sie noch mehr Sachen mit. / Mareike ist ganz begeistert* / und sie will unbedingt wieder mitmachen. 94

* Neu: kein Komma.

Ein Hauptsatz ist ein Satz, der selbstständig stehen kann.
Eine Aneinanderreihung von Hauptsätzen nennt man *Satzreihe*.
In einer Satzreihe werden die einzelnen Hauptsätze oft durch Kommas voneinander abgesetzt.

Das Wetter spielt mit, die Kinder verkaufen ihre Sachen, die Kasse stimmt.

Satzreihen können auch durch Konjunktionen (Bindewörter) wie *und, oder, aber, doch, denn* verbunden sein. Nur vor *und* und *oder* wird dann in der Regel kein Komma gesetzt.

Peter will noch Karussell fahren, *aber* Mareike und Annika wollen nach Hause.
Annika erweist sich als richtige Verkaufskanone *und* sie verkauft die Sachen im Handumdrehen.

Setze die fehlenden Kommas.

Petra ruht sich in der Sonne aus ihr kleiner gescheckter Kater mit dem Namen Tiger liegt ausgestreckt im Schatten. Petra wird es langweilig sie holt sich ein Buch. Tiger hebt den Kopf denn er ist von dem Geräusch wach geworden. Langsam steht er auf ganz plötzlich springt er mit einem Satz in den Liegestuhl. Der Kater legt seinen Kopf auf das weiche Kissen und er lässt ein behagliches Schnurren hören. Petra kommt mit ihrem Buch zurück doch der Kater hat ihren Platz eingenommen. Tiger bleibt völlig ungerührt liegen sein Frauchen klappt sich deshalb einen zweiten Liegestuhl auf.

27 Die Entscheidung

Das Datum von heute

Komma bei angereihten Wortgruppen

Die Entscheidung
Endlich war der große Tag gekommen. / Das Endspiel um die Schulmeisterschaft / zwischen der 5c und der 6b konnte beginnen. / Die Spieler beider Mannschaften / liefen auf den Platz. / Der Schiedsrichter pfiff das Spiel an. / Sofort stürmte die 6b nach vorn. / Dann stürzte Tobias, / verlor den Ball an Peter* / und Peter schoss den Ball zu Sabine. / Die umspielte zwei Gegner* / und da war es schon passiert. / Peter schrie: / „1:0 für uns!“ / Fünf Minuten vor Spielende / bekam Tobias auf einmal / den Ball am Elfmeterpunkt. / Nach einem Foul fiel er zu Boden. / Elfmeter! / Tobias nahm Anlauf, / aber er schoss am Tor vorbei. In der Schülerzeitung las man in der nächsten Woche: / Die glückliche 5c holte den Pokal. 115

*Neu: kein Komma.

Wie bei der Aufzählung von Wörtern und Satzgliedern werden auch angereihte Wortgruppen durch Kommas abgetrennt. Nur vor *und* und *oder* steht auch hier kein Komma.

Er kam ins Zimmer, knipste das Licht an, setzte sich in den Sessel und schlug das Buch auf.

Im Text auf der linken Seite gibt es *eine* solche angereihte Wortgruppe. Findest du sie?

Bilde aus den folgenden Einzelsätzen Aufzählungen. Füge den letzten Teil jeweils mit *und* an.

Die Tiere lagen faul in ihrem Käfig. Sie gähnten. Sie räkelten sich. Sie nahmen von den Besuchern gar keine Notiz.

Wir trafen uns um neun Uhr. Wir stiegen in den bereitstehenden Bus. Wir fuhren kurz darauf ab. Wir waren in bester Stimmung.

28 Kleider zum Frühstück

Das Datum von heute ____________

Komma im Satzgefüge: konjunktionale Nebensätze

Kleider zum Frühstück

Der Engländer Kevin James / hat alle seine Kleider aufgegessen, / weil ihm sein Frühstück / in einer Untersuchungszelle / der Ortspolizei nicht schmeckte. / Er verzehrte sein Hemd, / seine Hose, seine Unterwäsche, / seine Socken und sogar seine Schuhe. / Als er als Nachspeise / seine Krawatte verzehren wollte, / schritten die Polizisten ein. / Zu seinem Gerichtstermin / kam James mit Verspätung, / weil er nichts anzuziehen hatte. / Er erschien schließlich in einem Polizei-Overall, / denn die Wachmänner wollten ihn nicht ganz ohne Kleidung / in den Gerichtssaal lassen. 81

Ein Nebensatz (Gliedsatz) wird anderen Sätzen angegliedert, er kann nicht alleine stehen. Oft wird ein Nebensatz durch Konjunktionen (Bindewörter) wie *weil, dass, als, ob, nachdem* eingeleitet.
Diese Nebensätze werden *konjunktionale Nebensätze* genannt.
Du kannst Nebensätze auch daran erkennen, dass das konjugierte Verb am Schluss steht.

In einem *Satzgefüge* werden Hauptsatz und Nebensatz immer durch ein Komma getrennt. Hauptsatz und Nebensatz können jeweils vorne oder hinten stehen.

Ich gehe in die Bücherei, *weil* ich mir ein Buch holen *will*.

Weil ich mir ein Buch holen *will*, gehe ich in die Bücherei.

Kennzeichne bei den folgenden Satzgefügen den Hauptsatz jeweils durch Unterstreichen und den Nebensatz durch eine gestrichelte Linie. Setze dann die Kommas.

Pauline geht heute nicht zur Schule weil sie Halsschmerzen hat.

Simone besucht Pauline am Nachmittag nachdem sie ihre Hausaufgaben erledigt hat.

Sie erklärt Pauline den neuen Mathestoff weil ein Test bevorsteht.

Obwohl Simone sich alle Mühe gibt versteht Pauline ihre Erklärungen nicht ganz.

Weil sie keine Beschwerden mehr hat geht Pauline am nächsten Tag wieder zur Schule.

29 Meerschweinchen

Das Datum von heute

Kommas bei Einschüben im Satz

Meerschweinchen
Meerschweinchen, diese possierlichen Tiere, / stammen ursprünglich aus Südamerika. / Dort werden sie seit vielen hundert Jahren / von den Indianern als Haustiere gehalten. / Nach der Entdeckung Amerikas, / also vor etwa fünfhundert Jahren, / wurden sie von Seefahrern und Kaufleuten / über das Meer zu uns nach Europa gebracht. / Weil sie wie kleine Schweinchen aussehen, / wurden sie bei uns Meerschweinchen genannt. / Heute gehören sie zu den beliebten Kleintieren, / weil auch Kinder sie halten und pflegen können. / Meerschweinchen fressen gern / Mais, Hafer, Möhren, Gurken, / Tomaten, Salat und Löwenzahn. 83

Einschübe werden durch Kommas vom übrigen Satz abgetrennt.

Pias Meerscheinchen Schlumpi, *ein Geschenk von Onkel Max,* frisst am liebsten Salatblätter.

Tina, *Pias Freundin,* hat ein Hamsterpärchen.

Unterstreiche im Text auf der linken Seite die durch Kommas abgetrennten Einschübe.

Setze in den folgenden Sätzen die Kommas.

Fritz der Kater von Tante Marie-Luise hat drei weiße Pfoten.

Petra und ihre Schwester beide begeisterte Reiterinnen wünschen sich ein Shetlandpony.

Cäsar Susannes Rauhaardackel ist eigenwillig und schlau.

Charlotte die angehende Tierärztin hat eine verletzte jungen Katze gefunden und aufgezogen.

Collie und Sheltie die kleine Ausführung des Collies gehören zur Gruppe der Britischen Hütehunde.

Quellen der Diktattexte (D) und der Übungstexte (Ü):

Peter Kohrs: Besser in Deutsch. Die neue Rechtschreibung 4. Schuljahr. Berlin, Cornelsen Scriptor 1997: D 24 (S. 76, leicht verändert)

Peter Kohrs: Besser in Deutsch. Die neue Rechtschreibung 5. Schuljahr. Berlin, Cornelsen Scriptor 1997: D 1 (S. 35), Ü 2b (S. 44), D 4 (S. 47), D 6 (S. 63, leicht verändert), Ü 6a (S. 63), Ü 6b (S. 64), D 7 (S. 77, leicht gekürzt), Ü 11b (S. 70, leicht verändert), Ü 13b (S. 82, gekürzt), D 17 (S. 93, leicht gekürzt), Ü 17b (S. 94, gekürzt), D 23 (S. 106, leicht gekürzt), Ü 23 (S. 105), Ü 24 (S. 116, ergänzt), D 25 (S. 112f., verändert), Ü 25 (S. 113), Ü 26 (S. 117, leicht verändert), D 29 (S. 119, leicht verändert u. gekürzt)

Peter Kohrs: Besser in Deutsch. Die neue Rechtschreibung 6. Schuljahr. Berlin, Cornelsen Scriptor 1997: Ü 10b (S. 105, gekürzt), Ü 12 (S. 87), D 22 (S. 111, leicht verändert)

Peter Kohrs, Barbara Schumann: Rechtschreiben: Alles klar! Lern- und Übungsheft 1 für das 5./6. Schuljahr. Berlin, Cornelsen 1996: D 2 (S. 21), D 3 (S. 22, leicht verändert), Ü 3 (S. 23, verändert), Ü 5b (S. 28), D 8 (S. 37, leicht verändert), Ü 8 (S. 38), D 9 (S. 42, gekürzt u. leicht verändert), Ü 9a (S. 43), D 10 (S. 46, leicht verändert u. ergänzt), D 11 (S. 48), D 14 (S. 54, gekürzt u. leicht verändert), D 19 (S. 68), Ü 20a (S. 71), Ü 21b (S. 71, leicht verändert), D 26 (S. 72 u. 75, leicht verändert), D 28 (S. 77, leicht verändert u. ergänzt)

Guido König, Helmut Weyand: Diktat: fehlerfrei. Heft 1. Berlin, Cornelsen 1996: D 5 (S. 30, gekürzt), D 12 (S. 54, gekürzt u. leicht verändert),

Neue Diktate zur neuen Rechtschreibung für die Klassen 5 und 6. Zusammengestellt von Gerlinde Bauer. Berlin, Cornelsen 1997: D 13 (S. 56, gekürzt u. leicht verändert), D 15 (S. 18, leicht gekürzt), D 16 (S. 32, leicht gekürzt), D 21 (S. 57, leicht verändert)

August-Bernhard Jacobs: Abschreiben erwünscht. Texte zum Abschreiben, Üben und Diktieren für die Klassen 5 und 6. Berlin, Cornelsen 1996: D 18 (S. 36, leicht verändert), D 20 (S. 8, leicht verändert), D 27 (S. 64, gekürzt)